听 说 写

中国語の一年生

中原裕貴

朝日出版社

音声ダウンロード

 音声再生アプリ「リスニング・トレーナー」(無料)

朝日出版社開発のアプリ、「リスニング・トレーナー(リストレ)」を使えば、教科書の音声をスマホ、タブレットに簡単にダウンロードできます。どうぞご活用ください。

まずは「リストレ」アプリをダウンロード

▶ App Store はこちら　　▶ Google Play はこちら

アプリ【リスニング・トレーナー】の使い方

❶ アプリを開き、「**コンテンツを追加**」をタップ

❷ QRコードをカメラで読み込む

❸ QRコードが読み取れない場合は、画面上部に 45392 を入力し「Done」をタップします

QRコードは㈱デンソーウェーブの登録商標です

Webストリーミング音声

https://text.asahipress.com/free/ch/245392

◆本テキストの音声は、上記のアプリ、ストリーミングでのご提供となります。
　本テキストにCD・MP3は付きません。

まえがき

　本書は大学1年生向けの中国語入門テキストである。内容の設定や各課の構成において学習者の日常との関わりを密にし、身につけやすいように工夫している。週1コマ1年間の学習を通じて、**「聞く」「話す」「書く」**の3つを偏りなくおさえ、総合的な力を身につけるのが本書の狙いである。

　まず、内容設定については、日本に居ながらも、学習者の身の回りのことを中国語で「話す」趣旨で、中国人留学生李さんと中国語を学習している日本人学生鈴木さんとの交友関係を設定し、「初対面」「家族紹介」「交遊」「趣味」「東京都内の名所見学」「夏休み」「お正月」そして「留学準備」のようにデザインしており、日本での日常生活や日本文化などを中国語で簡単に表現することにポイントを置いている。また各課のコラムでは、中国文化ないし日中同字異義語、四字熟語なども概要的に紹介することで、中国語への理解と学習効果を上げる一助になると考えている。

　各課の構成は、第1～3課は**【ピンイン】**や**【声調】**、第4～12課は**【会話】【新出語句】【文法とポイント説明】【応用練習】【総合練習】**となっている。更に3課ごとにそれぞれ**【まとめ練習】**も用意している。

　本書は、学習者が**「聞く」「話す」**ができるように、音声には「会話」や「新出語句」のほか、「文法とポイント説明」に取り上げた例文も収録している。更に学習した文法と語彙を活用し、中国語で短い文章を**「書く」**応用問題も用意している。本書の付録には、学習意欲のある学習者に活用してもらうよう、「中国語基本文型とその変化」「よく使われる量詞」を掲載している。

　著者としては、中国語にまったく接したことのない学習者でも、この1冊の学習を通じて、来日する中国人観光客を相手に中国語でコミュニケーションが取れるように期待している。

2023年10月吉日

著　者

目　次

発音編

本文編

発音 (1)

第 **1** 课
Dì yī kè

中国語の母音は単母音、複母音、鼻母音の3種類、子音は唇音、舌尖音、舌根音、舌面音、舌歯音、そり舌音の6種類がある。中国語の発音表記のことを"拼音 Pīnyīn"という。

一 単母音 🎧 001

a 日本語の「ア」より口を大きく開け、舌を下げて発音する。

o 日本語の「オ」より唇を丸く、突き出して発音する。

e 日本語の「エ」の口で舌を引いて、のどの奥で「ウ」を発音する。

i 日本語の「イ」より唇を左右に引いて発音する。

u 日本語の「ウ」より唇を突き出し、口の奥から発音する。

ü 日本語の「ユ」の口で「イ」を発音する。

er 「e」を発音しながら舌先を上にそりあげて発音する。

三 声調 🎧 002

中国語は一つの音節に4つの声調があり、これを「四声」という。同じ音節でも声調が変われば、意味も変わる。

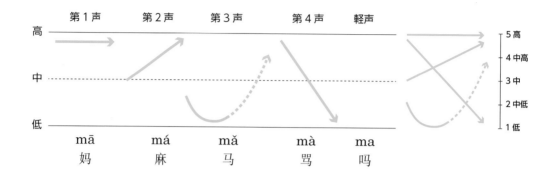

mā	má	mǎ	mà	ma
妈	麻	马	骂	吗

第1声　高く平らに発音する。

第2声　尻上がりに（低から高へ）発音する。

第3声　一度下げてから、尻上がりに（中から低へそれから高へ）発音する。

第4声　尻下がりに（高から低へ）発音する。

軽　声　軽く短く発音する。

三 子音 (1) 🎧 003

唇音　　　　　　　　　　　　　　　　舌尖音

b (o)　　**p** (o)　　**m** (o)　　**f** (o)　　　　**d** (e)　　**t** (e)　　**n** (e)　　**l** (e)

ポイント説明

◻ "拼音" の構成

"拼音" の構成には2種類ある。1種類は子音と母音の組み合わせであり、1種類は母音のみである。

　　子音＋母音： **Zhōngguó**　　中国（中国）

　　母音のみ　： **Éyǔ**　　　　　俄语（ロシア語）

◻ 単母音の綴り方

"i"、"u"、"ü" は単独で音節をなす場合、次のように綴る。

　　i → yi　　　　　u → wu　　　　　ü → yu

練　習

一　声調の組み合わせを読んでみましょう。　🎧 004

	第1声	第2声	第3声	第4声	軽声
第1声	mā mā	mā má	mā mǎ	mā mà	mā ma
第2声	má mā	má má	má mǎ	má mà	má ma
第3声	mǎ mā	mǎ má	mǎ mǎ	mǎ mà	mǎ ma
第4声	mà mā	mà má	mà mǎ	mà mà	mà ma

二　次の単語を読んでみましょう。　🎧 005

māma　妈妈　お母さん　　　　　dìdi　弟弟　弟

bàba　爸爸　お父さん　　　　　nǚ'ér　女儿　娘

bóbo　伯伯　おじさん（伯父）　　tā　她　彼女

bómǔ　伯母　おばさん（伯母）　　tā　他　彼

三　次のピンインを読んでみましょう。　🎧 006

āyí　　　　　　　éfà　　　　　　　yīfu

yìtú　　　　　　wúdí　　　　　　yǔyī

四　音声を聞いて、母音と声調を書き入れましょう。　🎧 007

(1)　b＿＿＿＿l＿＿＿＿　　(2)　b＿＿＿＿t＿＿＿＿　　(3)　p＿＿＿＿p＿＿＿＿

(4)　m＿＿＿＿l＿＿＿＿　　(5)　f＿＿＿＿f＿＿＿＿　　(6)　m＿＿＿＿b＿＿＿＿

五　音声を聞いて、子音と声調を書き入れましょう。　🎧 008

(1)　＿＿＿＿i＿＿＿＿i　　(2)　＿＿＿＿a＿＿＿＿u　　(3)　＿＿＿＿e＿＿＿＿i

(4)　＿＿＿＿ü'er　　　(5)　＿＿＿＿a＿＿＿＿a　　(6)　＿＿＿＿i＿＿＿＿u

発音 (2)

一 複母音 🎧 009

ai	ao	ou	ei

ia	ie	ua	uo	üe

iao	iou	uai	uei

複母音は単母音の組み合わせから構成されており、二重母音と三重母音に分けられる。
ただし、"ie"、"üe" の "e" は変則発音で、日本語の「エ」に近い音になる。

ai ao ou ei	二重母音で、前の母音を強く発音し、後ろの母音を弱く発音する。声調符号は前の母音につける。
ia ie ua uo üe	二重母音で、後ろの母音を強く発音し、前の母音を弱く発音する。声調符号は後ろの母音につける。
iao iou uai uei	三重母音で、真ん中の母音を強く発音し、前後の母音を弱く発音する。声調符号は真ん中の母音につける。

二 子音 (2) 🎧 010

舌根音   舌面音

g(e)   **k**(e)   **h**(e)   **j**(i)   **q**(i)   **x**(i)

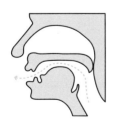
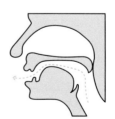

第3声の声調変化 🎧 011

(1) 第3声の変調

第3声と第3声が続く場合、前の第3声は第2声に変調する。

Nǐ hǎo!	⇒	Ní hǎo!	你好！（こんにちは）
dǎjiǎo	⇒	dájiǎo	打搅 （お邪魔する）
shuǐguǒ	⇒	shuíguǒ	水果 （果物）

注：第3声は、変調しても声調符号はもとの第3声のまま表記する。

(2) 半3声の規則

第3声の後ろに第3声以外の声調が続く場合、第3声は半3声に変わる。
半3声は下げた後に「尻上がり」はしない。

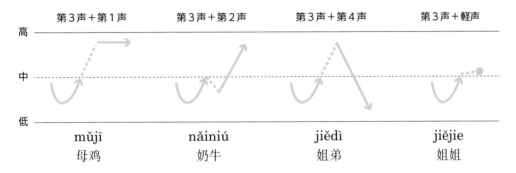

第3声＋第1声	第3声＋第2声	第3声＋第4声	第3声＋軽声
mǔjī	nǎiniú	jiědì	jiějie
母鸡	奶牛	姐弟	姐姐

複母音の綴り方

(1) 複母音が単独で音節をなす場合、次のように綴る。

ia → ya	ie → ye	iao → yao	iou → you
ua → wa	uo → wo	uai → wai	uei → wei
üe → yue			

★ "ai"、"ao"、"ou"、"ei" はそのまま表記する。

(2) "iou"、"uei" が子音と音節をなす場合、次のように綴る。

iou → iu   uei → ui

声調符号の位置

(1) 声調符号は母音の上に（"i" の場合、上部の点を取り、その位置に）つける。

(2) 複母音の場合、"a" があれば "a" に、"a" がなければ、"o" か "e" につける。

(3) "iu"、"ui" の場合、後ろの母音につける。

一 次の単語を読んでみましょう。 🎧 012

yéye	爷爷	祖父（父方）	jiějie	姐姐	姉	
nǎinai	奶奶	祖母（父方）	mèimei	妹妹	妹	
lǎoye	姥爷	外祖父（母方）	gēge	哥哥	兄	
lǎolao	姥姥	外祖母（母方）				

二 次のピンインを読んでみましょう。 🎧 013

gǎigé gāo'ǎi gūjì

kāfēi kēxué gélǜ

三 音声を聞いて、母音と声調を書き入れましょう。 🎧 014

(1) h____x____　　(2) h____m____　　(3) h____l____

(4) j____q____　　(5) j____y____　　(6) k____k____

四 音声を聞いて、声調を書き入れましょう。 🎧 015

(1) qiqiu　　(2) xiuli　　(3) kaiba

(4) xiami　　(5) xifu　　(6) qiaomiao

五 次の日常用語を読んでみましょう。 🎧 016

你好！
Nǐ hǎo! こんにちは

您好！
Nín hǎo! こんにちは（目上の方に）

大家好！
Dàjiā hǎo! 皆さんこんにちは

老师好！
Lǎoshī hǎo! 先生こんにちは

对不起。
Duìbuqǐ. すみません

没关系。
Méi guānxi. かまいません

谢谢。
Xièxie. ありがとう

不谢。
Bú xiè. どういたしまして

発音 (3)

一 鼻母音 🎧 017

前鼻音

前鼻音
[-n]

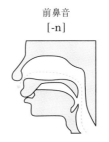

| an | en | in | ün |

| ian | uan | üan | uen |

"-n" は舌先を歯茎につけて「ン」を発音する。

奥鼻音

奥鼻音
[-ng]

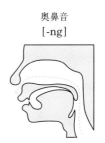

| ang | eng | ing | ong |

| iang | iong | uang | ueng |

"-ng" は口を開けたまま、舌は奥にひいて「ン」を発音する。

二 子音 (3) 🎧 018

舌歯音			そり舌音			
z(i)	c(i)	s(i)	zh(i)	ch(i)	sh(i)	r(i)

13

鼻母音の綴り方

(1) **前鼻音の綴り方**

前鼻音 "uen" は子音と音節をなす場合、"un" になる。

前鼻音は単独で音節をなす場合、次のように綴る。

in ➡ yin	ian ➡ yan	ün ➡ yun	üan ➡ yuan
uan ➡ wan	uen ➡ wen		

(2) **奥鼻音の綴り方**

奥鼻音は単独で音節をなす場合、次のように綴る。

ing ➡ ying	iang ➡ yang	iong ➡ yong
uang ➡ wang	ueng ➡ weng	

隔音符号 " ' "

"a"、"o"、"e" で始まる音節が前の音節のすぐ後に続く場合、隔音符号をつける。

西安	木偶	女儿
Xī'ān	mù'ǒu	nǚ'ér

r 化

r 化は北方方言で、特に北京語の口語によく使われるが、文章語では省略されることが多い。"拼音" は "r" である。

花儿 huār　　　玩儿 wánr　　　北边儿 běibianr

◆ **"不 bù" の声調変化** 🎧 019

　"不" はもともと第 4 声であるが、後ろに同じ第 4 声が続く場合、前の "不" は第 2 声に変調する。

$$bù + huì \Rightarrow bú huì \qquad bù + lèi \Rightarrow bú lèi$$
　　　　　　　　　不会　　　　　　　　　　　　　　不累

　なお、"不" の後ろに第 1 声、第 2 声、第 3 声が続く場合、"不" は第 4 声のままである。

$$bù duō \qquad bù xué \qquad bù hǎo$$
　　　不多　　　　　　　不学　　　　　　　不好

◆ **"一 yī" の声調変化**

　"一" はもともと第 1 声であるが、後ろに第 1 声、第 2 声、第 3 声が続く場合は第 4 声に変調し、第 4 声が続く場合は第 2 声に変調する。声調記号はそれぞれ発音に合わせる。

"yī" + 第 1 声　➡　yì jiā　一家

"yī" + 第 2 声　➡　yì tái　一台

"yī" + 第 3 声　➡　yì bǎ　一把

"yī" + 第 4 声　➡　yí cì　一次

　ただし、"一" は序数や語末などの場合、変調しない。

$$dì yī kè \qquad wéiyī$$
　　第一课　　　　　唯一

練　習

一　次の単語を読んでみましょう。　🎧 020

shūshu	叔叔	叔父さん		qīzi	妻子	妻
shěnshen	婶婶	叔母さん（父の弟の妻）		érzi	儿子	息子
jiùjiu	舅舅	おじさん（母方の男兄弟）		sūnzi	孙子	孫息子
zhàngfu	丈夫	夫、主人		sūnnǚ	孙女	孫娘

二　次のピンインを読んでみましょう。　🎧 021

xīngqī	jīnnián	duōshao	zàijiàn
lǎoshī	hǎojiǔ	wǒmen	tóngxué
Zhōngguó	Měiguó	Rìběn	Hànyǔ

三　次の数字を読んでみましょう。　🎧 022

| 一 | 二 | 三 | 四 | 五 | 六 | 七 | 八 | 九 | 十 |
| yī | èr | sān | sì | wǔ | liù | qī | bā | jiǔ | shí |

| 十一 | 十二 | … | 十五 | … | 二十 | … | 二十五 | … |
| shíyī | shí'èr | … | shíwǔ | … | èrshí | … | èrshiwǔ | … |

| 三十 | 九十 | … | 九十九 | 一百 |
| sānshí | jiǔshí | … | jiǔshijiǔ | yìbǎi |

四　次の曜日を読んでみましょう。　🎧 023

| 星期一 | 星期二 | 星期三 | 星期四 |
| xīngqīyī | xīngqī'èr | xīngqīsān | xīngqīsì |

| 星期五 | 星期六 | 星期日天 |
| xīngqīwǔ | xīngqīliù | xīngqīrìtiān |

五 次の年月日を読んでみましょう。 🎧 024

(1) 年

一九六九年　　　　　　　一九八五年　　　　　　　一九九零年
yī jiǔ liù jiǔ nián　　　yī jiǔ bā wǔ nián　　　yī jiǔ jiǔ líng nián

二零零零年　　　　　　　二零一零年　　　　　　　二零一七年
èr líng líng líng nián　　èr líng yī líng nián　　èr líng yī qī nián

(2) 月

一月　　　　二月　　…　　五月　　　　六月　　…　　八月
yīyuè　　　èryuè　　　　wǔyuè　　　liùyuè　　　bāyuè

九月　　　　十月　　　　十一月　　　　十二月
jiǔyuè　　　shíyuè　　　shíyīyuè　　　shí'èryuè

(3) 日

一号　…　　三号　…　　五号　…　　七号　…　　九号　…　　十号
yī hào　　sān hào　　wǔ hào　　qī hào　　jiǔ hào　　shí hào

十二号　…　　十八号　…　　二十二号　　　二十三号　…
shí'èr hào　　shíbā hào　　èrshi'èr hào　　èrshisān hào

二十五号　…　　三十一号
èrshiwǔ hào　　sānshiyī hào

六 次の日常用語を読んでみましょう。 🎧 025

您早！
Nín zǎo!　おはようございます（目上の方に）

早上好！
Zǎoshang hǎo!　おはよう

好久不见，你好吗？
Hǎojiǔ bú jiàn, nǐ hǎo ma?
お久しぶりですが、お元気ですか

托你的福，我很好。
Tuō nǐ de fú, wǒ hěn hǎo.
お陰さまで、元気です

再见。
Zàijiàn.　さようなら

明天见。
Míngtiān jiàn.　またあした

一 母音の綴りを書いてみましょう。

1. 次の母音が単独で音節をなす場合の綴りを書いてみましょう。

i ➡ ＿＿＿＿＿　　u ➡ ＿＿＿＿＿　　ü ➡ ＿＿＿＿＿　　iao ➡ ＿＿＿＿＿

uo ➡ ＿＿＿＿＿　　üe ➡ ＿＿＿＿＿　　in ➡ ＿＿＿＿＿　　ün ➡ ＿＿＿＿＿

2. 次の母音が子音と音節をなす場合の綴りを書いてみましょう。

iou ➡ ＿＿＿＿＿　　　　uei ➡ ＿＿＿＿＿　　　　uen ➡ ＿＿＿＿＿

二 ピンインと声調を書いてみましょう。

你好　　　　早上好　　　　再见　　　　明天见

爸爸　　　　妈妈　　　　哥哥　　　　姐姐

三 次の声調の組み合わせを読んでみましょう。　🎧 026

	第1声	第2声	第3声	第4声	軽声
第1声	星期 xīngqī	中国 Zhōngguó	书本 shūběn	音乐 yīnyuè	他们 tāmen
第2声	田中 Tiánzhōng	人民 rénmín	儿女 ér'nǚ	学校 xuéxiào	朋友 péngyou
第3声	北京 Běijīng	以前 yǐqián	好久 hǎojiǔ	感谢 gǎnxiè	我们 wǒmen
第4声	面包 miànbāo	课文 kèwén	日本 Rìběn	再见 zàijiàn	谢谢 xièxie

四 次の時刻を読んでみましょう。 🎧 027

7:05
七点零五分
qī diǎn líng wǔ fēn

10:15
十点十五分 / 一刻
shí diǎn shíwǔ fēn / yí kè

12:30
十二点三十分 / 半
shí'èr diǎn sānshí fēn / bàn

1:45
一点四十五分
yī diǎn sìshiwǔ fēn

2:55
两点五十五分 / 差五分三点
liǎng diǎn wǔshiwǔ fēn / chà wǔ fēn sān diǎn

五 次の r 化を読んでみましょう。 🎧 028

东边儿
dōngbianr

南边儿
nánbianr

西边儿
xībianr

北边儿
běibianr

六 次の早口言葉を読んでみましょう。 🎧 029

四是四，十是十，十四是十四，四十是四十。
Sì shì sì, shí shì shí, shísì shì shísì, sìshí shì sìshí.

七 次の例にならって、自分の姓名の簡体字とピンインを調べ、会話練習をしてみましょう。 🎧 030

你贵姓？
Nǐ guìxìng?

你叫什么名字？
Nǐ jiào shénme míngzi?

我姓铃木。
Wǒ xìng Língmù.

我叫铃木未来。
Wǒ jiào Língmù Wèilái.

第 4 课
Dì sì kè

我 和 小 李
Wǒ hé Xiǎo Lǐ

铃木： 你 好。我 姓 铃木。你 贵姓？
Nǐ hǎo. Wǒ xìng Língmù. Nǐ guìxìng?

小李： 你 好。我 姓 李，叫 李 小杰。
Nǐ hǎo. Wǒ xìng Lǐ, jiào Lǐ Xiǎojié.

铃木： 你 是 留学生 吗？
Nǐ shì liúxuéshēng ma?

小李： 对，我 是 东都大学 的 留学生。
Duì, wǒ shì Dōngdū dàxué de liúxuéshēng.

铃木： 那 我们 是 同学 呀。
Nà wǒmen shì tóngxué ya.

初次 见面，请 多 关照。
Chūcì jiàn miàn, qǐng duō guānzhào.

小李： 请 多 关照。
Qǐng duō guānzhào.

新出語句　032

我	wǒ	[代]	私
和	hé	[接]	～と
小李	Xiǎo Lǐ		李さん
铃木	Língmù		鈴木さん
姓	xìng	[動]	～という名字である
贵姓	guìxìng	[名]	お名前（名字を尋ねる時に使う）
叫	jiào	[動]	～という名前である（フルネーム）
李小杰	Lǐ Xiǎojié		李小傑
是	shì	[動]	～だ
留学生	liúxuéshēng	[名]	留学生
对	duì	[形]	そうだ
东都大学	Dōngdū dàxué	[名]	東都大学
的	de	[助]	～の
那	nà	[接]	それなら
我们	wǒmen	[代]	私たち
同学	tóngxué	[名]	クラスメート
呀	ya	[助]	ね
初次见面	chūcì jiàn miàn		はじめまして
请多关照	qǐng duō guānzhào		どうぞよろしくお願いします

 同 字 異 義 語 ▶叫ぶ　叫

「叫」という漢字は、日本語では、①「はげしく大声をあげる」②「世間に対して自分の意見を強く主張する」という意味である。中国語の"叫"の語源は日本語の①と同じであるが、それよりも②を含めた多くの派生的意味がある。日常生活に最も使われているのが（フルネームの）"我叫铃木未来"という使い方である。更に"叫"は、「使役」、「受け身」の表現（第12課参照）にも機能する「～させる／～られる」のような文法的役割もある。

動詞述語文　主語＋動詞（＋目的語）

「誰が〜を…する」の意味を表す。否定は"不"／"没有"（第5課参照）を用いる。

033

铃木学汉语。
Língmù xué Hànyǔ.

我不喝咖啡，喝乌龙茶。
Wǒ bù hē kāfēi, hē wūlóngchá.

> 学 学ぶ ／ 汉语 中国語 ／ 喝 飲む ／ 咖啡 コーヒー ／ 乌龙茶 ウーロン茶

"是"を用いる動詞文　「A 是 B」

「AはBである」。否定は"不"を用いる。

034

她是公务员。
Tā shì gōngwùyuán.

我不是医生，是律师。
Wǒ bú shì yīshēng, shì lǜshī.

> 公务员 公務員 ／ 医生 医者 ／ 律师 弁護士

一般疑問文

文末に"吗"をつけ、「〜か」の意味を表す。

035

你去东京吗？
Nǐ qù Dōngjīng ma?

你学英语吗？
Nǐ xué Yīngyǔ ma?

> 去 行く ／ 东京 東京 ／ 英语 英語

名詞＋"的"「〜の」

「〜の」という場合、"的"を用いる。

036

老师的手机　　　　　我的生日　　　　　他的书
lǎoshī de shǒujī　　　wǒ de shēngrì　　　tā de shū

★人称代名詞＋親族／所属機関及び熟語化した組み合わせは、"的"が省略できる。

她爸爸　　　　我们公司　　　　世界地图
tā bàba　　　wǒmen gōngsī　　　shìjiè dìtú

> 手机 携帯電話 ／ 生日 誕生日 ／ 书 本 ／ 公司 会社 ／ 地图 地図

応用練習

一　次の文を中国語に訳しましょう。

1) 彼は鈴木という名字です。

_____

2) 彼女は高橋愛という名前です。 　　　　　　　　高桥爱 Gāoqiáo Ài　高橋愛

_____

3) 田中さんはコーヒーを飲みません。 　　　　　　田中 Tiánzhōng　田中さん

_____

二　次の文を中国語に訳しましょう。

1) 李さんは公務員ですか。

_____

2) 私は日本人ではありません。 　　　　　　　　日本人 Rìběnrén　日本人

_____

3) 彼は弁護士です。

_____

三　日本語の意味に合うように次の語を並べ替えましょう。

1) あなたは中国に行きますか。
你 / 吗 / 中国 / 去 / ?　_____

2) 田中さんは中国語を学びますか。
学 / 田中 / 汉语 / 吗 / ?　_____

3) あなたは日本人ですか。
是 / 日本人 / 你 / 吗 / ?　_____

四　次の語を中国語に訳しましょう。

彼のお母さん　_____　　中国の地図　_____

英語の先生　_____　　私たちの学校　_____

田中さんの誕生日　_____　　中国語の本　_____

一 音声を聞いて、ピンインと漢字で書き取りましょう。 🎧 037

　　　　　　ピンイン　　　　　　漢字　　　　　　　　ピンイン　　　　　　漢字

1) [　　　　　　　] (　　　　　　　)　2) [　　　　　　　] (　　　　　　　)

3) [　　　　　　　] (　　　　　　　)　4) [　　　　　　　] (　　　　　　　)

二 本文の内容に基づき、次の質問に中国語で答えましょう。

1) 小李是日本大学的留学生吗？

　　　_____

2) 铃木是小李的老师吗？

　　　_____

3) 铃木和小李是初次见面吗？

　　　_____

三 下線部を入れ換え、練習しましょう。

A: 你贵姓？
　　Nǐ guìxìng?

B: 我姓田中。
　　Wǒ xìng Tiánzhōng.

A: 你是日本人吗？
　　Nǐ shì Rìběnrén ma?

B: 我是 / 不是日本人。
　　Wǒ shì / bú shì Rìběnrén.

高桥	/	佐藤	/	日本人
Gāoqiáo		Zuǒténg		Rìběnrén
张	/	王	/	中国人
Zhāng		Wáng		Zhōngguórén

四 次の文を中国語に訳しましょう。

1) 私は医者です。

_____

2) お名前は？（名字を尋ねる）

_____

3) 初めまして、どうぞよろしくお願いします。

_____

五 次の例にならって、自己紹介を中国語で書いてみましょう。

例：我姓铃木，叫铃木未来。我是日本人，我是东都大学的学生。

_____

_____

_____

_____

铃木 家 在 千叶
Língmù jiā zài Qiānyè

038

铃木： 你 家 有 几 口 人？
Nǐ jiā yǒu jǐ kǒu rén?

小李： 我 家 有 三 口 人，爸爸、妈妈 和 我。
Wǒ jiā yǒu sān kǒu rén, bàba、 māma hé wǒ.

铃木： 你 是 独生子 呀。
Nǐ shì dúshēngzǐ ya.

小李： 对。你 在 哪里 住？
Duì. Nǐ zài nǎli zhù?

铃木： 千叶。
Qiānyè.

小李： 你 今年 多 大？
Nǐ jīnnián duō dà?

铃木： 我 今年 二十 岁。
Wǒ jīnnián èrshí suì.

新出語句 039

家	jiā	[名]	家
在	zài	[動]	～にある、～にいる
千叶	Qiānyè	[名]	千葉
有	yǒu	[動]	ある、いる、持っている
几	jǐ	[疑]	幾つ
～口	kǒu	[量]	（家族の）人数を数える
爸爸	bàba	[名]	父
妈妈	māma	[名]	母
独生子	dúshēngzǐ	[名]	一人っ子
在	zài	[前置]	～で
哪里	nǎli	[代]	どこ
住	zhù	[動]	住む
今年	jīnnián	[名]	今年
多大	duō dà	[疑]	おいくつ
～岁	suì	[量]	才、歳

同字異義語 ▶ 住む 住

日本語の場合は、家なら「住む」、ホテルなど短期間に寝泊まりする場合は「泊まる」を使う。中国語では、①「住む、居住する、宿泊する」の意味で"我家住二楼"、"我在旅馆住了一夜"のように家やホテルなど場所を問わず、いずれも"住"を使う。また、"住"は②「止まる、やむ」の意味を持つ。さらに、"雨住了"また"抓住不放"のように、③動詞の後に置き、動作が固定化するなどの用い方もする。日本語では中国語の"住"の②と③のような用い方はない。

"有"を用いる動詞文

"有"は人・モノの所有と存在を表し、「〜に〜がある / いる」の意味を表し、否定は"没有"を用いる。

040

你们大学有留学生吗？
Nǐmen dàxué yǒu liúxuéshēng ma?

我没有兄弟姐妹，是独生子。
Wǒ méiyou xiōngdì jiěmèi, shì dúshēngzǐ.

*兄弟姐妹 兄弟

動詞の"在"と前置詞の"在"

"在"は動詞としては人・モノ＋"在"＋場所「〜は〜にある/いる」の意味を表し、前置詞としては"在"＋場所＋動詞「〜で…する」の意味を表す。否定は"不"を用いる。

041

你家在东京吗？ ——我家不在东京。
Nǐ jiā zài Dōngjīng ma? — Wǒ jiā bú zài Dōngjīng.

小李在日本留学。
Xiǎo Lǐ zài Rìběn liúxué.

*留学 留学する

名詞述語文　　主語＋（副詞＋）述語（名詞）

述語は年月日・年齢・価格・曜日・本籍・時刻などの意味を表す名詞で構成され、「〜は…だ」の意味を表す。否定は"不是"を用いる。

042

今天星期三。
Jīntiān xīngqīsān.

明天不是 5 月 1 号。
Míngtiān bú shì wǔyuè yī hào.

*星期 曜日 / 号 〜日

疑問詞疑問文

疑問の焦点に疑問詞を置き、文末に"吗"をつけない。

043

你家有几口人？
Nǐ jiā yǒu jǐ kǒu rén？

她是哪国人？
Tā shì nǎ guó rén?

*哪国人 どこの国の人

応用練習

一 日本語の意味に合うように次の語を並べ替えましょう。

1) あなたは世界地図を持っていますか。

吗 / 有 / 地图 / 你 / 世界 / ？

_____

2) 鈴木さんは何人家族ですか。

铃木 / 几 / 口 / 家 / 人 / 有 / ？

_____

3) 私は兄弟（姉妹）がいません。一人っ子です。

独生子 / 有 / 兄弟姐妹 / , / 我 / 没 / 是 /。

_____

二 次の文を中国語に訳しましょう。

1) 鈴木さんは大学で中国語を学びます。

_____

2) 李さんの家は日本にありません。

_____

3) あなたたちの大学は東京にありますか。

_____

三 次の文を中国語に訳しましょう。

1) 父は今年60歳です。 _____

2) 今日は月曜日です。 _____

3) 今年は2022年ではありません。 _____

四 日本語の意味に合うように次の語を並べ替えましょう。

1) 鈴木さんは何を学びますか。

学 / 铃木 / 什么 / ？ _____

2) あなたの家はどこにありますか。

你 / 哪里 / 家 / 在 / ？ _____

3) 彼女は今年おいくつですか。

今年 / 多大 / 她 / ？ _____

一 音声を聞いて、ピンインと漢字で書き取りましょう。 🎧 044

| | ピンイン | 漢字 | | ピンイン | 漢字 |

1) [   ] (   )　2) [   ] (   )

3) [   ] (   )　4) [   ] (   )

二 本文の内容に基づき、次の質問に中国語で答えましょう。

1) 小李家有几口人？

_____

2) 铃木家在哪里？

_____

3) 铃木今年多大？

_____

三 下線部を入れ換え、練習しましょう。

A: 你家有几口人？
　　Nǐ jiā yǒu jǐ kǒu rén?

四口人 / 七口人
sì kǒu rén　　qī kǒu rén

B: 我家有五口人，你家呢？
　　Wǒ jiā yǒu wǔ kǒu rén, nǐ jiā ne?

哥哥 / 姐姐 / 弟弟 / 妹妹
gēge　　jiějie　　dìdi　　mèimei

A: 我家有三口人，有爸爸、妈妈和我。
　　Wǒ jiā yǒu sān kǒu rén, yǒu bàba、māma hé wǒ.

四 次の質問に中国語で答えましょう。

1) 你家在哪里？ 你家有几口人？

_____

2) 你今年多大？

_____

3) 你在大学学什么？

_____

五 次の例にならって、ご家族のことを中国語で書いてみましょう。

例：小李家有三口人，有爸爸、妈妈和他。铃木家在千叶，她今年二十岁。

_____

_____

_____

_____

COLUMN 　　　　　　　　　　一人っ子政策と緩和

　一人っ子政策は中国における人口抑制政策であり、1979年から2014年まで実施された。しかし、1組の夫婦は4人の親の世話をするという養老問題が社会問題となるため、2015年から2021年までは1組の夫婦につき子供2人までとされる二人っ子政策が実施された。しかし、二人っ子政策も効果が見られず、1組の夫婦が3人目の子供を出産することを認める三人っ子政策法案が2021年8月20日に正式に可決され、実施された。今後の出生率の大幅な向上により、家計の改善、教育費用の確保、養老保障制度など総合的な解決が急がれる。

第 6 课 我 和 小 李 去 原宿 了
Dì liù kè　　Wǒ　hé　Xiǎo Lǐ　qù　Yuánsù　le

045

山田： 你 昨天 去 哪儿 玩儿 了？
　　　 Nǐ　zuótiān　qù　nǎr　wánr　le?

铃木： 我 和 小 李 去 原宿 了。
　　　 Wǒ　hé　Xiǎo Lǐ　qù　Yuánsù　le.

山田： 他 第一次 看到 那么 多 的 扮装 吧？
　　　 Tā　dì yī cì　kàndào　nàme　duō　de　bàn zhuāng　ba?

铃木： 是 呀。 他 很 兴奋。
　　　 Shì　ya.　Tā　hěn　xīngfèn.

山田： 他 喜欢 不 喜欢 日本 的 扮装？
　　　 Tā　xǐhuan　bu　xǐhuan　Rìběn　de　bàn zhuāng?

铃木： 非常 喜欢。
　　　 Fēicháng　xǐhuan.

山田： 这 是 年轻人 的 流行。
　　　 Zhè　shì　niánqīngrén　de　liúxíng.

新出語句 🎧 046

原宿	Yuánsù	[名]	原宿
山田	Shāntián		山田さん
昨天	zuótiān	[名]	昨日
哪儿	nǎr	[代]	どこ
玩儿	wánr	[動]	遊ぶ
第一次	dì yī cì		初めて
看到	kàndào	[動]	見る、見かける
那么	nàme	[代]	そのように、そんなに
多	duō	[形]	多い
扮装	bàn zhuāng		コスプレ
吧	ba	[助]	～でしょう
兴奋	xīngfèn	[形]	気持ちが高ぶっている様子、精神が高揚する様子
喜欢	xǐhuan	[動]	好む、好きだ
非常	fēicháng	[副]	非常に
年轻人	niánqīngrén	[名]	若者
流行	liúxíng		流行り

COLUMN 中国語の簡体字

中国語の漢字をより速く書けるように、また"普通话"をより速く普及させるために、中国政府は1956年、1963年及び1978年の3回にわたり、中国本土で漢字簡略化を推進してきた。1978年の漢字簡略化草案は失敗に終わったが、前2回の実施案はすでに中国本土に定着されている。漢字簡略化の原則は①偏旁の簡略（漢⇨汉、語⇨语）②特徴的な一部分の利用（業⇨业、習⇨习）③画数の少ない同音字の代替（幾⇨几、穀⇨谷）④画数の少ない古字・旧字の使用（曇⇨云）⑤草書体の楷書化（書⇨书、風⇨风）である。

"了"「〜した」

"了"は動詞の直後あるいは文末に置き、動作の完了を表す。否定は"没有"を用い、"了"を取る。

047　她买了两本汉语小说。
Tā mǎile liǎng běn Hànyǔ xiǎoshuō.

山田没有去韩国。
Shāntián méiyou qù Hánguó.

※买 買う ／ 两本 二冊 ／ 小说 小説 ／ 韩国 韓国

 連動文　主語＋動詞₁（＋目的語）＋動詞₂（＋目的語）

動作の方法・目的などを説明する。「〜して…する」の意味を表し、否定は動詞1の前に"不"あるいは"没有"を用いる。

048　她坐电车去学校。
Tā zuò diànchē qù xuéxiào.

她没有去中国留学。
Tā méiyou qù Zhōngguó liúxué.

※坐 乗る ／ 电车 電車

 形容詞述語文　主語＋（副詞）＋形容詞

「〜が〜だ」の意味を表し、肯定文では形容詞の前に"很"などの副詞が必要である。否定は"不"を用いる。

049　电脑很贵。
Diànnǎo hěn guì.

汉语难吗？ ——汉语不难。
Hànyǔ nán ma? —Hànyǔ bù nán.

※电脑 パソコン ／ 贵 （価格が）高い ／ 难 難しい

★ "很"などの副詞が省略されると、比較の意味が生じる。

 反復疑問文　肯定形＋否定形

「〜ですかね」「〜であるか、〜ではないか」の意味を表す。"吗"をつけない。

050　今天热不热？
Jīntiān rèburè?

你去不去图书馆？
Nǐ qùbuqù túshūguǎn?

※热 熱い ／ 图书馆 図書館

一 日本語の意味に合うように次の語を並べ替えましょう。

1) 私は昨日大阪に行きました。 大阪 Dàbǎn 大阪

大阪 / 昨天 / 了 / 去 / 我 / 。

_____

2) 鈴木さんは2枚の世界地図を買いました。 两张 liǎng zhāng 2枚

买 / 世界 / 两张 / 地图 / 了 / 铃木 / 。

_____

3) 私は学校に行きませんでした。

学校 / 我 / 没有 / 去 / 。

_____

二 次の文を中国語に訳しましょう。

1) 李さんは昨日鈴木さんと原宿へ日本のコスプレを見に行きました。

_____

2) 彼女は毎日電車で学校に行きます。

_____

3) あなたは明日 (私の) 家に遊びに来ますか。

_____

三 次の文を中国語に訳しましょう。

1) 今日は暑くありません。　_____

2) 兄弟 (姉妹) は多いですか。　_____

3) 英語は難しいですか。——難しいです。

_____

四 次の文を反復疑問文に直しましょう。

1) 她是医生。　_____

2) 田中学汉语。　_____

3) 小李很兴奋。　_____

一 音声を聞いて、ピンインと漢字で書き取りましょう。 🎧 051

	ピンイン	漢字		ピンイン	漢字
1) [	] (	)	2) [	] (	)
3) [	] (	)	4) [	] (	)

二 本文の内容に基づき、次の質問に中国語で答えましょう。

1) 铃木和小李去哪里了？

_____

2) 小李在原宿看到什么了？

_____

3) 小李喜欢日本的扮装吗？

_____

三 下線部を入れ換え、練習しましょう。

A: 你昨天去哪里了？
　　Nǐ zuótiān qù nǎli le?

B: 我去<u>新宿</u>了。
　　Wǒ qù Xīnsù le.

A: 做什么了？
　　Zuò shénme le?

B: <u>看电影</u>了。
　　Kàn diànyǐng le.

去图书馆　／　看书
qù túshūguǎn　　kàn shū

去银座　　／　买衣服
qù Yínzuò　　　mǎi yīfu

四　次の（　　）に入る最も適切な語を下の語群から選んで書き入れ、日本語に訳しましょう。

1) 她（　　　　）日本学（　　　　　　）?

訳：_____

2) 你（　　　）新宿买什么（　　　　　）?

訳：_____

3) 汉语难（　　　　）难？（　　　　）难。

訳：_____

| 很 | 买 | 来 | 什么 | 在 | 了 | 不 | 没 |

五　次の例にならって、自分の面白い体験を中国語で書いてみましょう。

例：昨天铃木和小李去原宿了。小李第一次看到了日本的扮装，他很兴奋。

_____

_____

_____

COLUMN　　　　　　　　　コスプレ文化

コスプレは日本が誇る新たなる若者文化の1つであり、東京・秋葉原では中世ヨーロッパの衣装を着たメイドカフェが人気である。コスプレは素の自分とは真逆のキャラクターを演じることができるので、コスプレイヤーは新鮮な気持ちになり、ストレス発散になるのも魅力的である。中国にも近年、コスプレ文化が独自な進化を見せている。衣装について、単にネットで購入するのではなく、多くの人が「自ら作る楽しみ」を追求するようになった。従来のコスチュームのほか、中国古代華服、唐装、チャイナドレスなど多種多様である。

一 音声を聞いて、ピンインと漢字で書き取りましょう。 🎧 052

	ピンイン	漢字		ピンイン	漢字
1)	[ ]	( )	2)	[ ]	( )
3)	[ ]	( )	4)	[ ]	( )

二 日本語の意味に合うように次の語を並べ替えましょう。

1) 私は日本語を学び、鈴木さんは中国語を学びます。

我 / 日语 / 汉语 / 学 / ， / 铃木 / 学 / 。

_____

2) 私は電車で学校に行きます。

我 / 学校 / 坐 / 去 / 电车 / 。

_____

3) 私は初めて日本に来ました。

我 / 日本 / 来 / 第一次 / 。

_____

4) 原宿は日本若者の聖地です。 　　　　　　圣地 shèngdì 聖地

原宿 / 圣地 / 年轻人 / 是 / 日本 / 的 / 。

_____

5) 鈴木さんと李さんは東都大学のクラスメートです。

铃木 / 是 / 和 / 东都大学 / 小李 / 的 / 同学 / 。

_____

三 次のピンインを漢字に直し、質問に中国語で答えましょう。

1) Nǐ guìxìng?

漢字：_____　　　答：_____

2) Nǐ shì Měiguórén ma?

漢字：_____　　　答：_____

3) Wǒ jiā yǒu sì kǒu rén, nǐ jiā ne?

漢字: _____ 答: _____

4) Zhōngguó yǒu bàn zhuāng ma?

漢字: _____ 答: _____

5) Nǐ zuótiān qù nǎli wánr le?

漢字: _____ 答: _____

四 次の文を疑問詞疑問文に直しましょう。

1) 小李学日语。　_____

2) 高桥家有五口人。　_____

3) 我家在东京。　_____

4) 田中今年二十岁。　_____

5) 铃木是日本人。　_____

五 下線部に適切な語を書き入れ、文を完成しましょう。

我姓 _____ ，叫 _____ 。我是 _____ 人，今年 _____ 岁。我家在

_____ ，我家有 _____ 口人，有 _____ _____ 和我。

我有一个中国朋友，她叫 _____ 。她家也有 _____ 口人，有 _____

_____ _____ 和她。她今年 _____ 岁，她家在 _____ 。

我们都是 _____ 的学生。我学习 _____ ，她学习 _____ 。

暑假
Shǔjià

小李： 暑假 你 去 哪儿 了？
Shǔjià nǐ qù nǎr le?

铃木： 我 去了 一 趟 北京。
Wǒ qùle yí tàng Běijīng.

小李： 你 没 告诉 我 去 北京 呀！
Nǐ méi gàosu wǒ qù Běijīng ya!

铃木： 我 是 和 我 男朋友 一起 去 的。
Wǒ shì hé wǒ nánpéngyou yìqǐ qù de.

小李： 怪不得 呢。你 不 打工 吗？
Guàibudé ne. Nǐ bù dǎ gōng ma?

铃木： 打 呀，暑假 我 得 挣 零花钱。你 呢？
Dǎ ya, shǔjià wǒ děi zhèng línghuāqián. Nǐ ne?

小李： 我 一 个 星期 打 三 次 工。
Wǒ yí ge xīngqī dǎ sān cì gōng.

每 次 打 四 个 小时。
Měi cì dǎ sì ge xiǎoshí.

新出語句 🎧 054

暑假	shǔjià	［名］	夏休み
〜趟	tàng	［量］	〜回（往復する動作の回数を数える）
北京	Běijīng	［名］	北京
告诉	gàosu	［動］	知らせる、教える
男朋友	nánpéngyou	［名］	彼氏、ボーイフレンド
一起	yìqǐ	［副］	一緒に
怪不得	guàibudé		道理で、〜するのも無理はない
打工	dǎ gōng	［動］	アルバイトをする
得	děi	［助動］	〜すべき
挣	zhèng	［動］	稼ぐ
零花钱	línghuāqián	［名］	小遣い
一个星期	yí ge xīngqī		1週間
〜次	cì	［量］	〜回
每次	měi cì		毎回
〜个	ge	［量］	〜個
小时	xiǎoshí	［名］	時間（時間を数える）

 ▶告訴する 　告诉

日本語の「告訴する」は、「犯罪の被害者あるいは其れに準ずるものなどが捜査機関に対して、犯罪事実を申告し、捜査及び犯人の起訴を求める」という意味である。例えば、「名誉棄損で告訴する」のように使われる。一方、中国語の**"告诉"**は「告げる、知らせる、教える」の意味で、**"请告诉她明天开会"**「彼女に明日会議があるのを知らせてください」。**"请把你的电话号码告诉我"**「あなたの電話番号を私に教えてください」のように使う。日本語の「告訴」には「告げる、知らせる、教える」の意味はない。

動量詞 動詞＋動量詞（＋目的語）

動量詞は動詞の後ろに置き、動作の回数や時間などを表す。

055
去年我去了一次中国。
Qùnián wǒ qùle yí cì Zhōngguó.

我学了一年汉语。
Wǒ xuéle yì nián Hànyǔ.

★よく使われる量詞は"次"、"回"、"趟"、"遍"、"顿"、"阵"、"一会儿"などがある。詳しい用い方は付録「よく使われる量詞のまとめ(1)」をご参照ください。

 二重目的語 主語＋動詞＋目的語₁（人）＋目的語₂（もの・句など）

056
铃木教我日语。
Língmù jiāo wǒ Rìyǔ.

妈妈送我一个生日礼物。
Māma sòng wǒ yí ge shēngrì lǐwù.

生日 誕生日 / 礼物 プレゼント

 "(是)〜的"「〜したのだ」

すでに完了した行為・動作の時間（いつ）、場所（どこで）、方法（どのように）などを強調して説明する場合に"(是)〜的"を用い、否定は"不是〜的"を用いる。

057
小李(是)去年去的日本。
Xiǎo Lǐ (shì) qùnián qù de Rìběn.

我不是坐电车来的。
Wǒ bú shì zuò diànchē lái de.

★肯定文では、"是"はしばしば省略されるが、否定文では省略できない。

★"小李(是)去年去的日本。"のように目的語がある場合、"的"を目的語の前に置くのが普通だが、後に置くこともできる。

 名量詞 数詞＋量詞＋名詞

ものや量を数える場合、数詞の後に量詞が必要である。

058
四个小时　　　　　一把椅子　　　　　一本汉语书
sì ge xiǎoshí　　　　yì bǎ yǐzi　　　　yì běn Hànyǔshū　　　　〜把　〜脚

★よく使われる量詞は"个"、"支"、"张"、"本"、"条"、"把"などがある。詳しい用い方は付録「よく使われる量詞のまとめ(2)」をご参照ください。

応用練習

一 次の文を中国語に訳しましょう。

1) 私は1週間に3回アルバイトをします。

_____

2) 彼は毎日中国語を2時間学びます。

_____

3) 田中さんは1年間中国に行っています。

_____

二 日本語の意味に合うように次の語を並べ替えましょう。

1) あなたはお母さんに何のプレゼントをあげましたか。

你 / 你 / 了 / 什么 / 妈妈 / 送 / 礼物 / ?　　　_____

2) 彼は私に(彼の)電話番号を教えてくれました。

他 / 我 / 电话 / 告诉 / 他 / 的 / 号码 / 了 / 。　_____

3) 李さんは日本人に中国語を教えています。

小李 / 日本人 / 汉语 / 教 / 。　　　　　　　_____

三 次の文を中国語に訳しましょう。

1) 私は電車で来たのです。

_____

2) 私は去年アメリカへ留学に行ったのです。

_____

3) 田中さんは電車で来たのではありません。

_____

四 次の文を中国語に訳しましょう。

1) 鈴木さんは毎日3時間アルバイトをします。

_____

2) 私には妹が1人います。

_____

3) 佐藤さんは鉛筆を2本買いました。

_____

一 音声を聞いて、ピンインと漢字で書き取りましょう。 🎧 059

	ピンイン	漢字		ピンイン	漢字

1) [　　　　　　] (　　　　　　) 2) [　　　　　　] (　　　　　　)

3) [　　　　　　] (　　　　　　) 4) [　　　　　　] (　　　　　　)

二 本文の内容に基づき、次の質問に中国語で答えましょう。

1) 铃木暑假去哪里了？

_____

2) 铃木和谁一起去的？

_____

3) 小李一个星期打几次工？

_____

三 下線部を入れ換え、練習しましょう。

A: 你在哪里学的汉语？
　 Nǐ zài nǎli xué de Hànyǔ?

B: 我在日本学的汉语。你呢？
　 Wǒ zài Rìběn xué de Hànyǔ. Nǐ ne?

A: 我在中国学的汉语。
　 Wǒ zài Zhōngguó xué de Hànyǔ.

英语　／ 美国　／ 加拿大
Yīngyǔ　　Měiguó　　Jiānádà

日语　／ 日本　／ 中国
Rìyǔ　　Rìběn　　Zhōngguó

四 次の質問に中国語で答えましょう。

1) 你每天打工吗？

_____

2) 你在哪里打工？

_____

3) 你一次打几个小时工？

_____

_____

五 次の例にならって、あなたの夏休みを書いてみましょう。

例：暑假铃木去了一趟北京，她是和她男朋友一起去的。小李暑假一个星期打三
次工，每次打四个小时。

_____

_____

_____

_____

COLUMN 　　　　　　　　　中国の春節

春節は中国人にとっては1年の中で最も重要な祝日である。春節の期日は旧暦に従ってい
るので、新暦では毎年期日が異なる。一般的に新暦の1月中旬以降から2月中旬までの一
か月で、(暦上の「立春」に合わさって) 変動する。伝統的に春節は旧暦の1月1日から15
日までの2週間である。"**大年三十**"(大みそか) の夜は一家団欒で"**年夜饭**"(年越しご飯)
を食べ、家族全員で深夜の12時までに"**守岁**"(新年を迎える)する。春節の間は玄関に"**春
联**"(春を迎えるめでたい対句) を貼る。"**恭喜发财**"(商売繁盛であるように) など縁起の
よい対句がよく見られる。

东京 的 小中华街
Dōngjīng de xiǎo zhōnghuájiē

🎧 060

铃木： 听说 北池袋 是 东京 的 小中华街。
Tīngshuō Běichídài shì Dōngjīng de xiǎo zhōnghuájiē.

小李： 对 呀。你 去过 吗？
Duì ya. Nǐ qùguo ma?

铃木： 还 没有 去过。很 想 去。
Hái méiyou qùguo. Hěn xiǎng qù.

小李： 那里 的 中国菜 又 经济 又 实惠。
Nàli de zhōngguócài yòu jīngjì yòu shíhuì.

你 喜欢 吃 什么 菜？
Nǐ xǐhuan chī shénme cài?

铃木： 我 喜欢 吃 四川菜。
Wǒ xǐhuan chī sìchuāncài.

小李： 喜欢 吃 麻婆豆腐 还是 四川火锅？
Xǐhuan chī mápó dòufu háishi sìchuān huǒguō?

铃木： 我 喜欢 吃 麻婆豆腐。
Wǒ xǐhuan chī mápó dòufu.

小李： 那 我们 哪 天 一起 去 吃 吧！
Nà wǒmen nǎ tiān yìqǐ qù chī ba!

包 你 满意。
Bāo nǐ mǎnyì.

新出語句
061

小中华街	xiǎo zhōnghuájiē		ミニチャイナタウン
听说	tīngshuō	[動]	話によると、聞いたところによると
北池袋	Běichídài	[名]	北池袋
过	guo	[助動]	～したことがある
还	hái	[副]	まだ、さらに
想	xiǎng	[助動]	～したい
中国菜	zhōngguócài	[名]	中華料理
又～又～	yòu～yòu～		～し、その上に
经济	jīngjì	[形]	経済的だ
实惠	shíhuì	[形]	買い得だ、食べ出がある
吃	chī	[動]	食べる
菜	cài	[名]	料理
四川菜	sìchuāncài	[名]	四川料理
麻婆豆腐	mápó dòufu	[名]	麻婆豆腐
还是	háishi	[接]	～かそれとも～
四川火锅	sìchuān huǒguō	[名]	四川鍋料理
好	hǎo		よし、わかった
哪天	nǎ tiān		いつか
包	bāo	[動]	保証する
满意	mǎnyì	[動]	満足する

 ▶包む 　包

日本語の「包む」には、①ものをおおって中に入れる②取り巻く③心の中に隠す④ある雰囲気などがその場全体をおおう⑤紙などに包むことから人に金品を送るなどの意味がある。中国語の“包”には、以上の意味のほかに“这盘菜我包了”（この一品の料理は私が残さず食べる）のように全責任を負う意味、“包了一辆出租车”（タクシーを一台借し切る）のように借し切る意味、更に“包你满意”（きっとご満足いただける）のように保証する等の意味もある。

Point 1　過去の経験 "过"　主語＋動詞＋"过"＋目的語

"过"を動詞の後に置き、「〜したことがある」の意味を表し、否定は "没有" を用いる。

062

田中去过意大利。
Tiánzhōng qùguo Yìdàlì.

我没有穿过扮装。
Wǒ méiyou chuānguo bàn zhuāng.　　　　　　　※意大利 イタリア／穿 着る

Point 2　助動詞 "想"

"想"を動詞の前に置き、「〜したい」の意味を表し、否定は "不" / "没有" を用いる。

063

我想学跳舞。
Wǒ xiǎng xué tiào wǔ.

佐藤不想吃蛋糕，想吃比萨饼。
Zuǒténg bù xiǎng chī dàngāo, xiǎng chī bǐsàbǐng.　　※跳舞 ダンスをする／蛋糕 ケーキ／比萨饼 ピザ

★動詞の前に修飾語がある場合、修飾語の前に "想" を置く。

Point 3　"又〜又〜"「〜し、その上に」

064

我今天又累又饿。
Wǒ jīntiān yòu lèi yòu è.

学生食堂的菜又好吃又便宜。
Xuéshēng shítáng de cài yòu hǎochī yòu piányi.

※累 疲れる／饿 お腹が空く／ 好吃 美味しい／便宜 安い

Point 4　選択疑問文　"(是)"A"还是"B

「〜かそれとも〜」の意味を表す。"吗" をつけない。

065

你(是)学汉语还是学英语？
Nǐ (shì) xué Hànyǔ háishi xué Yīngyǔ?

你(是)去看电影还是去唱卡拉OK？
Nǐ (shì) qù kàn diànyǐng háishi qù chàng kǎlā ok?

※看 見る／电影 映画／唱 歌う／卡拉OK カラオケ

一 次の文を中国語に訳しましょう。

1) あなたは原宿に行ったことがありますか。

_____

2) 私は中国語を学んだことはありません。

_____

3) 私はアメリカに住んだことがあります。

_____

二 日本語の意味に合うように次の語を並べ替えましょう。

1) 私は毎日アルバイトをしたくありません。

我 / 不 / 打 / 每天 / 想 / 工 / 。　　　_____

2) 私は来年中国へ留学に行きたいです。

明年 / 我 / 中国 / 去 / 想 / 留学 / 。　_____

3) あなたはケーキを食べたいですか。

你 / 想 / 想 / 蛋糕 / 吃 / 不 / ?　　　_____

三 次の文を中国語に訳しましょう。

1) 麻婆豆腐はおいしくて、安いです。

_____

2) 中華料理は経済的で食べ出がある。

_____

3) 私はいま疲れているうえに、お腹も空いています。

_____

四 次の文を選択疑問文に直しましょう。

1) 铃木家在东京 / 在千叶。

_____

2) 他是日本人 / 韩国人。

_____

3) 你坐电车来学校 / 骑自行车来学校。　　　骑 qí 乗る / 自行车 zìxíngchē 自転車

_____

一 音声を聞いて、ピンインと漢字で書き取りましょう。 🎧 066

	ピンイン		漢字		ピンイン		漢字

1) [　　　　　] (　　　　　) 2) [　　　　　] (　　　　　)

3) [　　　　　] (　　　　　) 4) [　　　　　] (　　　　　)

二 本文の内容に基づき、次の質問に中国語で答えましょう。

1) 铃木和小李想去哪里吃饭？

　　　　　　　　　　　　　　　　　　　　　　　　

2) 铃木喜欢吃什么菜？

　　　　　　　　　　　　　　　　　　　　　　　　

3) 北池袋小中华街的中国菜怎么样？　　　　　＊怎么样 zěnmeyàng　どう

三 下線部を入れ換え、練習しましょう。

A: 你吃<u>麻婆豆腐</u>还是吃<u>四川火锅</u>？
　　Nǐ chī mápó dòufu háishi chī sìchuān huǒguō?

B: 我吃<u>麻婆豆腐</u>。你呢？
　　Wǒ chī mápó dòufu. Nǐ ne?

A: 我吃<u>四川火锅</u>。
　　Wǒ chī sìchuān huǒguō.

学汉语	/	学英语
xué Hànyǔ		xué Yīngyǔ

去看电影	/	去唱卡拉 OK
qù kàn diànyǐng		qù chàng kǎlā ok

四 次の質問に中国語で答えましょう。

1) 你去过横滨中华街吗？

横滨 Héngbīn 横浜

_____

2) 你想学跳日本舞吗？

_____

3) 你们大学食堂的菜怎么样？

_____

五 次の例にならって、行きつけの場所を中国語で書いてみましょう。

例：铃木和小李想去北池袋小中华街吃中国菜，那里的菜又经济又实惠。

_____

_____

_____

_____

_____

COLUMN

日本料理と中国料理

日本料理は大きく分けると、割烹料理、懐石料理、会席料理、精進料理と本膳料理があり、一般的には「和食」とも言われる。2013年12月に「和食」は無形文化遺産に登録された。日本料理に対して、中国料理は地域ごとに山東料理、四川料理、湖南料理、江蘇料理、浙江料理、安徽料理、福建料理と広東料理の8大料理に分かれている。日本料理も中国料理も世界5大料理（フランス料理、イタリア料理、スペイン料理を含む）になっている。

我 约 小 李 去 看 电 影
Wǒ yuē Xiǎo Lǐ qù kàn diànyǐng

铃木： 喂， 我 是 铃木， 你 在 做 什么？
Wèi, wǒ shì Língmù, nǐ zài zuò shénme?

小李： 我 在 看 DVD 呢。
Wǒ zài kàn DVD ne.

铃木： 今天 天气 好， 去 新宿 看 电影 吧！
Jīntiān tiānqì hǎo, qù Xīnsù kàn diànyǐng ba!

小李： 电影院 比 DVD 有 临场感。
Diànyǐngyuàn bǐ DVD yǒu línchǎnggǎn.

听说 东京都厅 也 在 新宿。
Tīngshuō Dōngjīng dūtīng yě zài Xīnsù.

铃木： 对。 都厅 是 双子座 大楼。
Duì. Dūtīng shì shuāngzǐzuò dàlóu.

小李： 那 我们 也 去 看看 吧。
Nà wǒmen yě qù kànkan ba.

新出語句 🎤 🎧 068

约	yuē	[動]	誘う
喂	wèi		もしもし
在	zài	[副]	～している
做	zuò	[動]	する
天气	tiānqì	[名]	天気
新宿	Xīnsù	[名]	新宿
电影院	diànyǐngyuàn	[名]	映画館
比	bǐ	[前置]	～より
临场感	línchǎnggǎn	[名]	臨場感
东京都厅	Dōngjīng dūtīng	[名]	東京都庁
也	yě	[副]	～も
双子座	shuāngzǐzuò	[名]	双子座
大楼	dàlóu	[名]	ビル

 ▶約 约

「約」という漢字は、広辞苑によると、①つづめ・省略②とりきめをすること③ある数字で割ること④およその意味を持つ。一方、中国語の"约"は日本語よりもっと多くの意味を持つ。日常会話では、「他人から約束を取る」から転じて、「誘う」としてよく使われる。ちなみに、"约束"(約束)という語も、日本語の「とりきめ」「約定」に対して、中国語では、"绳子"(縄)の語源から、法や規定・規則による「拘束」「制約」の意味が派生される。

進行形 "在" と "呢"

動詞の前に"在"あるいは文末に"呢"を置き、「～している（ところ）」の意味を表し、否定は"没有"を用い、"在"や"呢"はつけない。

069

她在打网球呢。
Tā zài dǎ wǎngqiú ne.

她在睡觉吗？ ——她没有睡觉。
Tā zài shuì jiào ma? — Tā méiyou shuì jiào.

打 打つ / 网球 テニス / 睡觉 寝る

主述述語文 　主語＋述語（主語＋述語）

「～は～が～だ」の意味を表す。

070

他工作很忙。
Tā gōngzuò hěn máng.

这个菜味道好不好？
Zhè ge cài wèidào hǎobuhǎo?

工作 仕事 / 忙 忙しい / 味道 味

比較の表現 "比"

「AはBより～だ」の意味を表し、否定は"没有"あるいは"不比"を用いる。

071

今天比昨天冷。
Jīntiān bǐ zuótiān lěng.

日语没有 / 不比汉语难。
Rìyǔ méiyou / bùbǐ Hànyǔ nán.

冷 寒い

★ 否定は"不比"より"没有"を用いるのが一般的である。

動詞の重ね型

動詞を重ねることで、「ちょっと～する」「～してみる」の意味を表す。

072

玩儿玩儿游戏。
Wánrwanr yóuxì.

你们休息休息吧。
Nǐmen xiūxi xiūxi ba.

游戏 ゲーム / 休息 休憩する

★ 連動文の場合は2つ目の動詞を重ねる。"我们去电影院看看电影吧。"

★ "毕业"（卒業する）のように持続性のない動詞の場合は重ねることができない。

一 次の文を中国語に訳しましょう。

1) 彼女は中国語を学んでいます。

　　_____

2) 私はコーヒーを飲んでいます。

　　_____

3) 鈴木さんは電話をしています。

　　_____

二 次の語を適切に並べ替えましょう。

1) 忙 / 工作 / 很 / 他 / 。　　_____

2) 发音 / 汉语 / 难 / 很 / 。　　_____

3) 很 / 小李 / 好 / 日语 / 。　　_____

三 次のピンインを漢字に直し、日本語に訳しましょう。

1) Shāntián de Hànyǔ bǐ Língmù hǎo.

　　漢字：_____

　　　訳：_____

2) Dōngjīng méiyou Běijīng lěng.

　　漢字：_____

　　　訳：_____

3) Diànyǐngyuàn bǐ DVD yǒu línchǎnggǎn.

　　漢字：_____

　　　訳：_____

四 動詞の重ね型に直しましょう。

1) 玩儿游戏。　　_____

2) 看 DVD。　　_____

3) 打电话。　　_____

一 音声を聞いて、ピンインと漢字で書き取りましょう。 🎧 073

	ピンイン	漢字		ピンイン	漢字
1) [	] (	)	2) [	] (	)
3) [	] (	)	4) [	] (	)

二 本文の内容に基づき、次の質問に中国語で答えましょう。

1) 铃木约小李去做什么？

_____

2) 小李在做什么？

_____

3) 东京都厅在哪里？

_____

三 下線部を入れ換え、練習しましょう。

A: 你在做什么？
　　Nǐ zài zuò shénme?

B: 我在打电话。你呢？
　　Wǒ zài dǎ diànhuà. Nǐ ne?

A: 我在看DVD。
　　Wǒ zài kàn DVD.

学汉语　　／　玩儿游戏
xué Hànyǔ　　wánr yóuxì

看小说　　／　吃饭
kàn xiǎoshuō　　chī fàn

四 次の質問に中国語で答えましょう。

1) 你喜欢看电影还是喜欢看 DVD？

_____

2) 你学习忙不忙？

> 学习 xuéxí 学習

_____

3) 你喜欢玩儿游戏吗？

_____

五 次の例にならって、あなたの一日を中国語で書いてみましょう。

例：今天天气很好，铃木和小李去新宿看电影了，他们还去了东京都厅。

_____

_____

_____

_____

日本の都道府県と中国の省市自治区

日本には1都1道2府43県、計47の地方公共団体がある。「地方自治体」とも呼ばれ、市町村も含まれる。また、県と市町村の間には郡があり、東京都の場合は特別区がある。さらに、県と同じ行政地位の20の政令指定都市もある。中国には、23省4市5自治区2特別行政区、計34の地方行政がある。省は日本の県に相当し、市は直轄市といい、日本の政令市に当たる。自治区は、55の少数民族が多数に在住する地域に設立され、特別行政区は香港とマカオである。地域の地方行政は "**市镇村**" があり、日本の「市町村」に相当する。また、"**镇村**" の間には、"**乡**"（郷）もあり、日本の「郡」に相当する。

一 音声を聞いて、ピンインと漢字で書き取りましょう。 🎧 074

	ピンイン	漢字		ピンイン	漢字
1)	[　　　　　]	(　　　　　)	2)	[　　　　　]	(　　　　　)
3)	[　　　　　]	(　　　　　)	4)	[　　　　　]	(　　　　　)

二 次のピンインを漢字に直し、質問に中国語で答えましょう。

1) Nǐ zài zuò shénme?

　　漢字：＿＿＿＿＿＿＿＿＿＿＿　　答：＿＿＿＿＿＿＿＿＿＿＿

2) Shǔjià nǐ qù nǎli le?

　　漢字：＿＿＿＿＿＿＿＿＿＿＿　　答：＿＿＿＿＿＿＿＿＿＿＿

3) Nǐ xǐhuan chī shénme cài?

　　漢字：＿＿＿＿＿＿＿＿＿＿＿　　答：＿＿＿＿＿＿＿＿＿＿＿

4) Nǐ chīguo sìchuān huǒguō ma?

　　漢字：＿＿＿＿＿＿＿＿＿＿＿　　答：＿＿＿＿＿＿＿＿＿＿＿

5) Jīntiān tiānqì zěnmeyàng?

　　漢字：＿＿＿＿＿＿＿＿＿＿＿　　答：＿＿＿＿＿＿＿＿＿＿＿

三 日本語の意味に合うように次の語を並べ替えましょう。

1) 鈴木さんは彼女が中国に行くことを私に教えてくれませんでした。
　　铃木 / 中国 / 告诉 / 她 / 没有 / 我 / 去 / 。

　　＿＿＿＿＿＿＿＿＿＿＿＿＿＿＿＿＿＿＿＿＿＿＿

2) 私は日本に留学に来たのではありません。
　　我 / 来 / 不 / 的 / 日本 / 是 / 留学 / 。

　　＿＿＿＿＿＿＿＿＿＿＿＿＿＿＿＿＿＿＿＿＿＿＿

3) あなたはイタリアに行きたいですか、それともフランスに行きたいですか。
　　你 / 意大利 / 想 / 是 / 去 / 还是 / 法国 / ？

　　＿＿＿＿＿＿＿＿＿＿＿＿＿＿＿＿＿＿＿＿＿＿＿

4) ピザは美味しくて安いです。

比萨饼 / 好吃 / 便宜 / 又 / 又 / 。

_____

5) 田中さんの中国語は鈴木さんほど上手ではありません。

田中 / 没有 / 铃木 / 汉语 / 的 / 好 / 。

_____

四 次の語を用いて、文を書き換えましょう。

1) 铃木明年去中国留学。 _____ "想"

2) 田中在家看电视。 _____ 進行形

3) 我去年和山田去美国了。 _____ "是~的"

4) 她学了一年英语（德语）。 _____ 選択疑問文

5) 我去过韩国。 _____ "过"の否定形

五 次の文を中国語に訳しましょう。

1) 夏休みに私はお小遣いをたくさん稼がなければなりません。

_____

2) 北池袋は東京のミニチャイナタウンです。

_____

3) 私が招待します。きっとあなたにご満足いただけます。

_____

4) 私は映画館で映画を見たことがありません。

_____

5) 今日は天気がいいので、一緒にテニスをしに行きましょう。

_____

铃木 的 爱好
Língmù de àihào

铃木： 听说 你 歌 唱 得 非常 好。
Tīngshuō nǐ gē chàng de fēicháng hǎo.

小李： 哪里 哪里。 你 有 什么 爱好？
Nǎli nǎli. Nǐ yǒu shénme àihào?

铃木： 我 喜欢 弹 钢琴， 也 会 拉 小提琴。
Wǒ xǐhuan tán gāngqín, yě huì lā xiǎotíqín.

小李： 你 太 厉害 了。 能 教教 我 弹 钢琴 吗？
Nǐ tài lìhai le. Néng jiāojiao wǒ tán gāngqín ma?

铃木： 可以 呀。 那 你 能 教 我 什么 呢？
Kěyǐ ya. Nà nǐ néng jiāo wǒ shénme ne?

小李： 我 可以 教 你 汉语 呀。
Wǒ kěyǐ jiāo nǐ Hànyǔ ya.

铃木： 那 我们 可以 互通有无 了。
Nà wǒmen kěyǐ hù tōng yǒuwú le.

新出語句　076

爱好	àihào	[名]	趣味
歌	gē	[名]	歌
唱	chàng	[動]	歌う
得	de	[助]	〜するのが〜だ
哪里哪里	nǎli nǎli		そんなことはありません
弹	tán	[動]	(指やばちなどで)弾く
钢琴	gāngqín	[名]	ピアノ
会	huì	[助動]	〜できる
拉	lā	[動]	(弓で)弾く
小提琴	xiǎotíqín	[名]	バイオリン
太〜了	tài〜le		大変〜だ、とても〜だ
厉害	lìhai	[形]	偉い、すごい
能	néng	[助動]	〜できる
可以	kěyǐ	[助動]	〜できる、〜してよろしい
互通有无	hù tōng yǒuwú		有無相通ずる

COLUMN 四字熟語

四字熟語とは、漢字4文字で作られた熟語を指す用語であり、4文字の熟語や成語を指す概念として自然発生的に現れた比較的新しい用語である。その多くは中国語から来たものであるが、日本固有の四字熟語もある。

中国語：卧薪尝胆　　天衣无缝　　四面楚歌　　唯我独尊　　刮目相待

日本語：臥薪嘗胆　　天衣無縫　　四面楚歌　　唯我独尊　　刮目相待

日本固有四字熟語：手前味噌、已己巳己、乳母日傘

Point 1 状態補語"得"　主語＋（動詞＋）目的語＋（前出）動詞＋"得"＋形容詞 など

　動詞の後ろに"得"を置き、動作の様態や程度などを説明・描写し、「～するのが～だ」の意味を表す。否定の場合、"得"の後ろの補語の部分を否定する。

077

她（说）汉语说得很流利。
Tā (shuō) Hànyǔ shuō de hěn liúlì.

他（弹）钢琴弹得不好。
Tā (tán) gāngqín tán de bù hǎo.

流利　流暢だ

 Point 2 助動詞"会"　"会"＋動詞（句）

　ある技能を習い覚えて「～できる」の意味を表す。否定は"不"を用いる。

078

我会开车。
Wǒ huì kāi chē.

田中不会打兵乓球。
Tiánzhōng bú huì dǎ pīngpāngqiú.

开车　車を運転する ／ 兵乓球　卓球

 Point 3 助動詞"能"　"能"＋動詞（句）

　能力・条件が整っていて「～できる」の意味を表す。否定は"不"を用いる。

079

她能游两千米。
Tā néng yóu liǎngqiān mǐ.

你明天不能来吗？
Nǐ míngtiān bù néng lái ma?

游　泳ぐ ／ 两千　二千 ／ 米　メートル

Point 4 助動詞"可以"　"可以"＋動詞（句）

　動詞の前に置き、(a) 可能「～できる」、(b) 許可「～してよろしい」の意味を表す。

080

(a)　我可以教你汉语。　　她可以跑马拉松。
　　Wǒ kěyǐ jiāo nǐ Hànyǔ.　　Tā kěyǐ pǎo mǎlāsōng.

跑　走る ／ 马拉松　マラソン

　　★否定は"不能"を用いる。"她不能跑马拉松。"とし、"不可以"とは言わない（"不可以"は禁止を表す）。

(b)　我可以进去吗？　　现在可以吃吗？
　　Wǒ kěyǐ jìnqu ma?　　Xiànzài kěyǐ chī ma?

进去　入っていく ／ 现在　現在

　　★否定は"不能"／"不可以"を用いる。"现在不能吃。"／"现在不可以吃。"

応用練習

一 "得" を用いて、文を完成しましょう。

1) 他 / 开车 / 开 / 好 / 很 / 。

　　_____

2) 山本 / 英语 / 说 / 不 / 流利 / 。

　　_____

3) 她 / 唱 / 歌 / 好 / 吗 / ?

　　_____

二 日本語の意味に合うように次の語を並べ替えましょう。

1) あなたは卓球ができますか。
　　你 / 乒乓球 / 会 / 吗 / 打 / ?

　　_____

2) 彼女はドイツ語は話せませんが、英語は話せます。
　　她 / 英语 / 说 / 德语 / 不 / 会 / 说 /, / 会 / 。

　　_____

3) 田中さんは中国語も英語も話せます。
　　田中 / 会 / 会 / 说 / 说 / 汉语 /, / 也 / 英语 / 。

　　_____

三 次の文を中国語に訳しましょう。

1) 私は明日来ることができません。

　　_____

2) あなたは私にテニスを (するのを) 教えてくれますか。

　　_____

3) 私は2000メートル泳ぐことができます。

　　_____

四 次の文を日本語に訳しましょう。

1) 我可以去你家玩儿吗? _____

2) 留学生可以打工吗? _____

3) 我现在可以回家吗? _____

一 音声を聞いて、単語をピンインと漢字で書き取りましょう。 🎧 081

ピンイン 漢字 ピンイン 漢字

1) [ ] ( ) 2) [ ] ( )

3) [ ] ( ) 4) [ ] ( )

二 本文の内容に基づき、次の質問に中国語で答えましょう。

1) 小李歌唱得怎么样？

_____

2) 铃木的爱好是什么？

_____

3) 小李教铃木什么？

_____

三 下線部を入れ換え、練習しましょう。

A: 你的爱好是什么？
　 Nǐ de àihào shì shénme?

B: 我会打网球，你呢？
　 Wǒ huì dǎ wǎngqiú, nǐ ne?

A: 我不会打网球，会打乒乓球。
　 Wǒ bú huì dǎ wǎngqiú, huì dǎ pīngpāngqiú.

开车 ／ 骑摩托车
kāi chē　 qí mótuōchē

唱歌 ／ 跳舞
chàng gē　 tiào wǔ

摩托车 バイク

四 次の（　　）に入る最も適切な語を下の語群から選んで書き入れましょう。

1) 你（　　　　）说汉语？　　　2) 她跑得（　　　　）快。

3) 我现在（　　　）睡觉吗？　　4) 她钢琴弹（　　　　）很好。

5) 她开车开得（　　　　）好。　　6) 你（　　　）来日本留学吗？

> 会不会　　能　　可以　　得　　不　　很

五 次の例にならって、あなたの趣味を書いてみましょう。

例：小李歌唱得非常好。铃木会弹钢琴，也会拉小提琴。

ことわざ

　ことわざとは人々の経験、知識、教訓や風刺などからなる簡潔な言葉であり、また人間の叡智を収斂し、物事の本質を鋭く突き、世の中の人々が納得できるような真理を説く力を持つ言葉である。中国では誰でも知っていることわざをいくつか紹介しよう。

百闻不如一见　百聞は一見に如かず	病从口入，祸从口出　口は災いのもと
远亲不如近邻　遠縁は近隣に及ばず	不听老人言，吃亏在眼前　亀の甲より年の功
情人眼里出西施　あばたもえくぼ	
良药苦口，忠言逆耳　良薬は口に苦し、忠言は耳に逆らう	

日本 的 新年
Rìběn de xīnnián

082

铃木： 快要 到 新年 了， 你 打算 去 哪里？
　　　Kuàiyào dào xīnnián le, nǐ dǎsuàn qù nǎli?

小李： 我 打算 去 参拜 神社。
　　　Wǒ dǎsuàn qù cānbài shénshè.

铃木： 你 体验过 日本 的 新年 吗？
　　　Nǐ tǐyànguo Rìběn de xīnnián ma?

小李： 没有。 我 也 想 穿上 和服 去 参拜
　　　Méiyou. Wǒ yě xiǎng chuānshang héfú qù cānbài

神社。
shénshè.

铃木： 我 给 你 借来 一 件 和服 吧。
　　　Wǒ gěi nǐ jièlai yí jiàn héfú ba.

小李： 太 感谢 你 了。
　　　Tài gǎnxiè nǐ le.

新出語句 083

新年	xīnnián	[名]	新年、正月
快要～了	kuàiyào～le		まもなく～しそうだ、もうすぐ～になる
到	dào	[動]	来る、訪れる
打算	dǎsuàn	[動]	～するつもり
参拜	cānbài	[動]	参拝する
神社	shénshè	[名]	神社
体验	tǐyàn	[動]	体験する
穿上	chuānshang	[動]	身に着ける、着る
和服	héfú	[名]	和服
给	gěi	[前置]	～に、～のために
借	jiè	[動]	借りる
～件	jiàn	[量]	～枚
感谢	gǎnxiè	[動]	感謝する

日本語では、「打算」は「打算が働く」、「打算的な考え方」など、利害や損得を見積る意味である。中国語では、マイナスの意味がなく、人の利益、幸福を考え、**"为孩子们打算"**「子供たちのためを思う」の意味を表す。そのほかに良く使われているのは「～するつもりである」の意味もある。例えば、**"我打算给我妈妈买个生日礼物"**「お母さんに誕生日のプレゼントを買ってあげるつもりである」などのように日常的に使われている。

1 "快要〜了"

「まもなく〜しそうだ」「もうすぐ〜になる」の意味を表す。

084 快要到圣诞节了。
Kuàiyào dào Shèngdànjié le.

快要下雨了，我们回家吧。
Kuàiyào xià yǔ le, wǒmen huí jiā ba.

＊圣诞节 クリスマス ／ 下雨 雨が降る

 2 "打算"

「〜するつもり」の意味を表す。否定は"不"／"没有"を用いる。

085 黄金周，你打算回国吗？
Huángjīnzhōu, nǐ dǎsuàn huí guó ma?

我不打算去迪士尼乐园。
Wǒ bù dǎsuàn qù Díshìní lèyuán.

＊黄金周 ゴールデンウィーク ／ 回国 帰国する ／ 迪士尼乐园 ディズニーランド

 3 前置詞"给"　"给"＋受け手＋動詞（句）

「〜に」「〜のために」の意味を表す。否定は"不"／"没有"を"给"の前に置く。

086 我每天给我父母发电子邮件。
Wǒ měi tiān gěi wǒ fùmǔ fā diànzǐ yóujiàn.

昨天我没有给她打电话。
Zuótiān wǒ méiyou gěi tā dǎ diànhuà.

＊父母 両親 ／ 发 送る ／ 电子邮件 Eメール

 4 方向補語

　動詞の後ろに"来"、"去"などを付けて、動作・行為の向かう方向を示す。目的語が場所語、人である場合、目的語を"来"、"去"の前に置く。その他は"来"、"去"の前か後かに置く。

087 铃木回家去了。
Língmù huí jiā qu le.

佐藤昨天带他女朋友来了。
Zuǒténg zuótiān dài tā nǚpéngyou lai le.

一 "快要～了" を用いて、文を完成し、日本語に訳しましょう。

1) 十二点 / 睡觉 / 吧 / , / 。

_____ 訳：_____

2) 到 / 新年 / 打算 / 哪里 / 去 / , / ?

_____ 訳：_____

3) 下雨 / 家 / 回 / 吧 / , / 。

_____ 訳：_____

二 次の語を適切に並べ替えましょう。

1) 我 / 钢琴 / 打算 / 弹 / 学 / 。

_____

2) 她 / 打算 / 不 / 学校 / 今天 / 去 / 。

_____

3) 去 / 打算 / 我 / 中国 / 留学 / 。

_____

三 次の文を中国語に訳しましょう。

1) 彼は毎日 1 回私に電話をかけてくれます。

_____

2) 彼はあなたのために和服を借りて来ましたか。

_____

3) 父は私に中国地図を 1 枚買って来てくれました。

_____

四 日本語の意味に合うように次の語を並べ替えましょう。

1) 鈴木さんは昨日日本に帰って行きました。
鈴木 / 日本 / 去 / 昨天 / 回 / 了 / 。 _____

2) 彼は私に中国語の辞書を 1 冊買って来てくれました。
他 / 买 / 汉语词典 / 给 / 来 / 我 / 了 / 一本 / 。

_____

3) あなたは明日彼女を連れて来ますか。
你 / 来 / 女朋友 / 明天 / 带 / 吗 / ? _____

一　音声を聞いて、ピンインと漢字で書き取りましょう。　🎧 088

	ピンイン	漢字		ピンイン	漢字

1) [　　　　　　] (　　　　　　)　　2) [　　　　　　] (　　　　　　)

3) [　　　　　　] (　　　　　　)　　4) [　　　　　　] (　　　　　　)

二　本文の内容に基づき、次の質問に中国語で答えましょう。

1)　小李打算新年去哪里？

_____

2)　小李体验过日本的新年吗？

_____

3)　小李有和服吗？

_____

三　下線部を入れ換え、練習しましょう。

A:　快要到新年了。
　　Kuàiyào dào xīnnián le.

　　你打算去哪里？
　　Nǐ dǎsuàn qù nǎli?

B:　我打算回老家。你呢？
　　Wǒ dǎsuàn huí lǎojiā. Nǐ ne?

A:　我打算去中国。
　　Wǒ dǎsuàn qù Zhōngguó.

圣诞节　/　回国　　/　去迪士尼乐园
Shèngdànjié　huí guó　　　qù Díshìní lèyuán

暑假　　/　去中国　/　回美国
shǔjià　　　qù Zhōngguó　huí Měiguó

老家　实家

四 次の質問に中国語で答えましょう。

1) 你每年去参拜神社吗？去哪里参拜？

2) 你打算去中国留学吗？

3) 你每天给你父母打电话吗？

五 次の例にならって、あなたの体験談を書いてみましょう。

例：小李打算新年穿上和服和铃木一起去参拜神社，体验日本的新年。

北京は中国の首都であり、中国の政治、経済、文化などの中心地である。北京は近代化した大都市であるだけでなく、歴史の古い有名な都でもあり、中国6大古都（西安・南京・洛陽・開封・杭州・北京）の一つでもある。歴史的に北京はかつて"燕京"や"北平"と呼ばれた。1949年10月1日に中華人民共和国が誕生し、"北京"に改称された。中国の国会に当たる人民代表大会をはじめ、各政治団体の中央執行部、政府の各中央省庁などは北京に集中する。市内には天安門広場、故宮博物館、天壇公園などがあり、郊外には頤和園、万里の長城などの名所旧跡がある。

铃木 去 中国 留学
Língmù qù Zhōngguó liúxué

089

小李： 听说 你 被 选派 去 中国 留学 了。
Tīngshuō nǐ bèi xuǎnpài qù Zhōngguó liúxué le.

祝贺 你！
Zhùhè nǐ!

铃木： 谢谢。算是 我 走运 了。
Xièxie. Suànshì wǒ zǒuyùn le.

小李： 太 让 人 羡慕 了。去 多 长 时间？
Tài ràng rén xiànmù le. Qù duō cháng shíjiān?

铃木： 去 两 年。
Qù liǎng nián.

小李： 你 汉语 会 说 得 越来越 好 的。
Nǐ Hànyǔ huì shuō de yuèláiyuè hǎo de.

铃木： 我 一定 加倍 努力。
Wǒ yídìng jiābèi nǔlì.

小李： 那 我们 今后 保持 联系 吧。
Nà wǒmen jīnhòu bǎochí liánxì ba.

铃木： 好。一言为定。
Hǎo. Yìyán wéidìng.

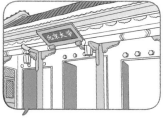

新出語句 🎧 090

被	bèi	[前置]	～される
选派	xuǎnpài	[動]	選抜して派遣する
祝贺	zhùhè	[動]	祝賀する、祝う
算是	suànshì	[動]	～と言える
走运	zǒuyùn	[形]	運が良い
让	ràng	[動]	～させる
羡慕	xiànmù	[動]	羨ましがる
多长时间	duō cháng shíjiān		どれくらいの時間
越来越～	yuèláiyuè～		ますます～、～すればするほど～なる
一定	yídìng	[副]	きっと、必ず
加倍	jiābèi	[副]	より一層
努力	nǔlì	[動]	努力する
今后	jīnhòu	[名]	今後
保持	bǎochí	[動]	保持する、維持する
联系	liánxì	[動]	連絡する
一言为定	yìyán wéidìng		約束通りにする

COLUMN 中国語検定試験

中国語検定試験には主として「中検」と「HSK」の2つがある。「中検」「HSK」のどちらも中国語の検定試験ではあるが、それぞれ目的が異なる。「中検」は日本中国語検定協会が主催し、中国語読解及び聴解能力のほか翻訳能力を問う試験である。「HSK」は中国教育部の中国語能力認定機関が主催する試験であり、中国語による設問に中国語で答えることを求め、中国語の運用能力が問われるが、翻訳能力は問われない。したがって、「中検」は日本企業で活躍を目指す方、「HSK」は中国の大学への留学や中国企業での活躍を目指す方に適しているといえよう。試験日程や試験会場などの詳しいことはインターネット上に公表されている。

"被" / "叫" / "让" を用いる受動文

人・物事＋"被" / "叫" / "让" ＋動作主＋動詞＋付加成分

「〜に〜される」の意味を表し、動詞の後ろに"了" / "过"あるいは補語が必要である。否定は"没有"を用いる。

091
我的汉语小说被铃木借走了。
Wǒ de Hànyǔ xiǎoshuō bèi Língmù jièzǒu le.

小李被（铃木）约去看电影了。
Xiǎo Lǐ bèi (Língmù) yuēqu kàn diànyǐng le.

＊借走　借りて行く

★ "被"を用いる場合、"被"の後ろの動作主が省略できるが、"叫" / "让"を用いる場合、動作主が省略できない。

"让" / "叫" を用いる使役文

主語＋"让" / "叫" ＋人・物事＋動詞（句）

「〜に〜させる」の意味を表し、否定は"让" / "叫"の前に"不" / "叫没有"を用いる。

092
田中让我和他去旅游。
Tiánzhōng ràng wǒ hé tā qù lǚyóu.

我妈妈不让 / 叫我玩儿手机。
Wǒ māma bú ràng / jiào wǒ wánr shǒujī.

"会〜的"「〜する / なるはず」「必ず〜する / なる」

093
她明天会来的。
Tā míngtiān huì lái de.

吃点儿药，病会好的。
Chī diǎnr yào, bìng huì hǎo de.

＊药 薬 / 病 病気

"越来越〜"、"越〜越〜"「ますます〜」「〜すればするほど〜なる」

094
她韩语说得越来越流利了。
Tā Hányǔ shuō de yuèláiyuè liúlì le.

汉语越学越难。
Hànyǔ yuè xué yuè nán.

＊韩语 韓国語

応用練習

一　次の文を中国語に訳しましょう。

1) 私のピザは妹に食べられました。

　　_____

2) 私のパソコンは高橋さんに借りて行かれました。

　　_____

3) 私の自転車は友達に乗って行かれました。

　　_____

二　日本語の意味に合うように次の語を並べ替えましょう。

1) 鈴木さんにちょっと日本を紹介してもらいましょう。
　 让 / 介绍 / 吧 / 铃木 / 一下 / 日本 / 。

　　_____

2) 父は私にアメリカに留学させたいと考えています。
　 我 / 我 / 留学 / 想 / 爸爸 / 让 / 美国 / 去 / 。

　　_____

3) 彼女は私に(彼女の)携帯電話を見せてくれません。
　 她 / 我 / 不 / 看 / 让 / 她 / 手机 / 的 / 。

　　_____

三　次の語を適切に並べ替えて、日本語に訳しましょう。

1) 她 / 会 / 日本 / 新年 / 回 / 的 / 。

　　_____　訳：_____

2) 他 / 家 / 会 / 今天 / 回 / 的 / 。

　　_____　訳：_____

3) 他 / 电话 / 会 / 的 / 给 / 打 / 我 / 。

　　_____　訳：_____

四　次の文を日本語に訳しましょう。

1) 她网球打得越来越好了。　_____

2) 她越看越漂亮。　_____

3) 她歌越唱越好。　_____

一 音声を聞いて、ピンインと漢字で書き取りましょう。　🎧 095

| | ピンイン | 漢字 | | ピンイン | 漢字 |

1) [　　　　　　] (　　　　　　)　2) [　　　　　　] (　　　　　　)

3) [　　　　　　] (　　　　　　)　4) [　　　　　　] (　　　　　　)

二 本文の内容に基づき、次の質問に中国語で答えましょう。

1) 铃木是自己想去留学的吗？

　　　　　　　　　　　　　　　　　　　　　　　※自己 zìjǐ 自分

_____

2) 铃木去中国留学多长时间？

_____

3) 铃木和小李今后还保持联系吗？

_____

三 下線部を入れ換え、練習しましょう。

A: 你父母让你去国外留学吗？
　　Nǐ fùmǔ ràng nǐ qù guówài liúxué ma?

开车 ／ 打工
kāi chē　　dǎ gōng

B: 不让，你父母呢？
　　Bú ràng, nǐ fùmǔ ne?

A: 我父母让我去国外留学。
　　Wǒ fùmǔ ràng wǒ qù guówài liúxué.

※国外 海外

四　次の質問に中国語で答えましょう。

1）你想去国外留学吗？

2）你汉语说得怎么样？

3）你能用汉语和中国人交流吗？　用 yòng 用いる ／ 交流 jiāoliú コミュニケーションを取る

五　次の例にならって、あなたの今後の予定を書いてみましょう。

例：铃木被学校选派去中国留学两年，她的汉语会说得越来越好的。

一　音声を聞いて、ピンインと漢字で書き取りましょう。　🎧 096

	ピンイン	漢字		ピンイン	漢字

1) [　　　　　　　] (　　　　　　　)　2) [　　　　　　　] (　　　　　　　)

3) [　　　　　　　] (　　　　　　　)　4) [　　　　　　　] (　　　　　　　)

二　次のピンインを漢字に直し、質問に中国語で答えましょう。

1)　Nǐ huì kāi chē ma?

　　漢字：＿＿＿＿＿＿＿＿＿＿＿＿＿＿　　答：＿＿＿＿＿＿＿＿＿＿＿＿＿＿

2)　Nǐ de àihào shì shénme?

　　漢字：＿＿＿＿＿＿＿＿＿＿＿＿＿＿　　答：＿＿＿＿＿＿＿＿＿＿＿＿＿＿

3)　Xīnnián nǐ qù nǎli cānbài?

　　漢字：＿＿＿＿＿＿＿＿＿＿＿＿＿＿　　答：＿＿＿＿＿＿＿＿＿＿＿＿＿＿

4)　Nǐ xiǎng qù nǎ guó liúxué?

　　漢字：＿＿＿＿＿＿＿＿＿＿＿＿＿＿　　答：＿＿＿＿＿＿＿＿＿＿＿＿＿＿

5)　Nǐ huì chàng zhōngguógē ma?

　　漢字：＿＿＿＿＿＿＿＿＿＿＿＿＿＿　　答：＿＿＿＿＿＿＿＿＿＿＿＿＿＿

三　日本語の意味に合うように次の語を並べ替えましょう。

1)　鈴木さんは歌を歌うのが上手であり、ピアノも弾けます。
　　铃木 / 歌 / 得 / 唱 / 也 / 好 / 钢琴 / 会 / 很 / 弹 / , / 。

　　＿＿＿＿＿＿＿＿＿＿＿＿＿＿＿＿＿＿＿＿＿＿＿＿＿＿＿＿＿＿

2)　あなたは私にピアノを弾くのを教えてくれますか。
　　你 / 弹 / 钢琴 / 教 / 我 / 能 / 吗 / ?

　　＿＿＿＿＿＿＿＿＿＿＿＿＿＿＿＿＿＿＿＿＿＿＿＿＿＿＿＿＿＿

3)　私は日本のお正月をちょっと体験してみるつもりです。
　　我 / 新年 / 一下 / 日本 / 打算 / 的 / 体验 / 。

　　＿＿＿＿＿＿＿＿＿＿＿＿＿＿＿＿＿＿＿＿＿＿＿＿＿＿＿＿＿＿

4) 鈴木さんは中国へ留学に行くそうです。

　　铃木 / 留学 / 去 / 听说 / 中国 / 。

_____

5) 私は神社を参拝しに行くつもりです。

　　我 / 去 / 打算 / 参拜 / 神社 / 。

_____

四　次の語を用いて、文を書き換えましょう。

1) 铃木借走了我的汉语词典。

_____
　　　　　　　　　　　　　　　　　　　　　　　　　　　　　"被"

2) 小李从铃木那里借来一件和服去参拜神社。

_____
　　　　　　　　　　　　　　　　　　　　　　　　　　　　　"打算"

3) 铃木汉语说得很好。

_____
　　　　　　　　　　　　　　　　　　　　　　　　　　　　"越来越~"

五　次の文を中国語に訳しましょう。

1) 鈴木さんはピアノが弾けます。

_____

2) 私は歌を歌うのが好きです。

_____

3) 李さんは和服を着て、鈴木さんと神社を参拝しに行きました。

_____

4) 私は必ず努力します。

_____

5) 今後私たちは引き続き連絡を取り合いましょう。

_____

付録 中国語基本文型とその変化

	基本文型	肯定型	否定型	疑問型
名詞述語文	主語＋名詞 Aは〜だ	今天星期一。	今天不是星期一。	① 今天星期一吗？ ② 今天星期几？ ③ 今天是不是星期一？ 　（今天是星期二不是？） ④ 今天（是）星期一还是星期二？
形容詞述語文	主語＋形容詞 Aは〜だ	这本书很好。	这本书不好。	① 这本书好吗？ ② 这本书怎么样？ ③ 这本书好不好？ ④ 这本书（是）好还是不好？
動詞述語文	主語＋動詞 ＋目的語 Aは〜する	铃木学汉语。	铃木不学汉语。 铃木没有学汉语。	① 铃木学汉语吗？ ② 铃木学什么？ ③ 铃木学不学汉语？ 　（铃木学汉语没有学汉语？） ④ 铃木（是）学汉语还是学英语？
主述述語文	主語＋ 名詞述語文 AのBは〜だ	我同学铃木 日本人。	我同学铃木不是 日本人。	① 你同学铃木日本人吗？ ② 你同学铃木哪国人？ ③ 你同学铃木是不是日本人？ 　你同学铃木是日本人不是？ ④ 你同学铃木（是）日本人还是 　中国人？
	主語＋ 形容詞述語文 AはBが〜だ	铃木身体 很好。	铃木身体不好。	① 铃木身体好吗？ ② 铃木身体怎么样？ ③ 铃木身体好不好？ ④ 铃木身体（是）好还是不好？
	主語＋ 動詞述語文 AはBに 〜させる	学校让铃木 去中国留学。	(a) 学校不让铃木 　去中国留学。 (b) 学校没有让铃 　木去中国留学。	① 学校让铃木去中国留学吗？ ② 学校让铃木去哪国留学？ ③ 学校让不让铃木去中国留学？ ④ 学校（是）让铃木去中国留学 　还是让佐藤去中国留学？

注：①は一般疑問文、②は疑問詞疑問文、③は反復疑問文、④は選択疑問文です。

次 / 回	動作の回数を数える。 ◇我去过一次中国。 Wǒ qùguo yí cì Zhōngguó. ◇我去过两回中国。 Wǒ qùguo liǎng huí Zhōngguó.
趟	行ったり来たりする動作の回数を数える。 ◇晚上打算去一趟小李家。 Wǎnshang dǎsuàn qù yí tàng Xiǎo Lǐ jiā. ◇暑假我去了一趟中国。 Shǔjià wǒ qùle yí tàng Zhōngguó.
遍	動作の初めから終わりまでの全過程の回数を数える。 ◇请念一遍。 Qǐng niàn yí biàn. ◇我看了三遍。 Wǒ kànle sān biàn.
顿	食事・忠告・叱責・罵倒・殴打などの動作を数える。 ◇星期天我只吃一顿饭。 Xīngqītiān wǒ zhǐ chī yí dùn fàn. ◇弟弟被打了一顿。 Dìdi bèi dǎle yí dùn.
阵儿	事物や動作の一経過を数える。 ◇一阵儿热烈的掌声 yízhènr rèliè de zhǎngshēng ◇一阵儿剧痛 yízhènr jùtòng
一会儿	しばらく (短い時間) ◇休息一会儿吧。 Xiūxi yíhuìr ba. ◇我看了一会儿电视。 Wǒ kànle yíhuìr diànshì.

个	人を数える。 ◇一个妹妹　　　◇一个学生 　yí ge mèimei　　　yí ge xuésheng 専用の量詞のない名詞を数える。 ◇一个苹果　　◇一个书包　　◇一个机关　　◇一个问题 　yí ge píngguǒ　　yí ge shūbāo　　yí ge jīguān　　　yí ge wèntí
支	棒状のものを数える。 ◇一支铅笔　　　◇一支香烟 　yì zhī qiānbǐ　　　yì zhī xiāngyān
张	紙や皮など平らなもの、テーブル、ベッドなどを数える。 ◇一张纸　　◇一张画　　◇一张光盘　　◇一张桌子 　yì zhāng zhǐ　　yì zhāng huà　　yì zhāng guāngpán　　yì zhāng zhuōzi
本	書籍・小説・帳簿類を数える。 ◇一本书　　　◇一本杂志　　　◇一本字典 　yì běn shū　　　yì běn zázhì　　　yì běn zìdiǎn
条	細長い形のものを数える。 ◇一条路　　　◇一条河　　　◇一条裤子 　yì tiáo lù　　　yì tiáo hé　　　yì tiáo kùzi
把	柄や取手のついている器物、ひとつかみなどを数える。 ◇一把刀　　◇一把伞　　◇一把菜　　◇一把草 　yì bǎ dāo　　yì bǎ sǎn　　yì bǎ cài　　yì bǎ cǎo

索引

・索引はアルファベット順に集める。

著者紹介：

中原裕貴

慶応義塾大学大学院経済学研究科後期博士課程単位取得満期退学

1998 年 4 月　早稲田大学教育学部非常勤講師　現在に至る

2007 年 4 月　東京大学教養学部非常勤講師　現在に至る

主要な著書：「基礎漢語」「中国語ビギニング」「話せる・書ける中国語」　三修社

表紙：大下賢一郎

本文デザイン／イラスト：小熊未央

音声吹込：李　洵

　　　　　毛興華

听 说 写 中国語の一年生

検印
省略

© 2024 年 1 月 31 日　第 1 版　発行

著　者　　　　　　　　　　　　　中原裕貴

発行者　　　　　　　　　　　　　小川　洋一郎

発行所　　　　　　　　　　　株式会社 朝 日 出 版 社

〒 101-0065　東京都千代田区西神田 3-3-5

電話 (03) 3239-0271・72 (直通)

振替口座　東京　00140-2-46008

欧友社 / 信毎印刷

http://www.asahipress.com
